Lo que puede hacer el sol

Sharon Coan

Créditos de publicación

Rachelle Cracchiolo, M.S.Ed., *Editora comercial*
Conni Medina, M.A.Ed., *Gerente editorial*
Jamey Acosta, *Directora de contenido*
Dona Herweck Rice, *Realizadora de la serie*
Robin Erickson, *Diseñadora de multimedia*

Créditos de las imágenes: Portada, pág. 1 ©iStock.com/portishead1; pág. 3 ©iStock.com/Thomas Brugger; pág. 4 ©iStock.com/Alain de Maximy; pág. 5 ©iStock.com/JVisentin; pág. 6 ©iStock.com/mtreasure; págs. 7, 12 ©iStock.com/Claudiad; pág. 8 ©iStock.com/kandelfire; págs. 9, 12, contraportada ©iStock.com/Nikada; todas las demás imágenes de Shutterstock.

Library of Congress Cataloging-in-Publication Data

Coan, Sharon.
Lo que puede hacer el sol / Sharon Coan.
pages cm
Audience: K to grade 3.
Summary: "El sol calienta la Tierra. Ve qué más puede hacer el sol." -- Provided by publisher.
ISBN 978-1-4938-2962-0 (pbk.)
1. Sun--Juvenile literature. I. Title.
QB521.5.C6318 2016
523.7--dc23
2015031097

Teacher Created Materials
5301 Oceanus Drive
Huntington Beach, CA 92649-1030
http://www.tcmpub.com

ISBN 978-1-4938-2962-0

Palabras para aprender

crecer

sol